ADHS BEI ERWACHSENEN

EIN LEITFADEN ZUM VERSTÄNDNIS UND UMGANG MIT ADHS BEI ERWACHSENEN

AMANDA ALLAN

CONTENTS

EINFÜHRUNG

In einer Welt, die für, von und um neurotypische Erwachsene herum aufgebaut wurde, haben Menschen mit neurologischen Entwicklungsstörungen oft Mühe, sich zurechtzufinden. Es ist immer die Aufgabe derjenigen, die am Rande stehen, eine Welt zu verstehen und sich in sie einzufügen, die für sie wenig Sinn ergibt.

Die Wissenschaft und die psychiatrische Gemeinschaft verstehen noch nicht viel von den Feinheiten der psychischen Gesundheit. So wurde beispielsweise ADHS erst in den 1960er Jahren als psychische Störung anerkannt. Die Forschung zu dieser Störung hat einen langen Weg zurückgelegt, aber viele Hürden müssen noch überwunden werden.

In den Vereinigten Staaten wurde bei 4,4 % der Erwachsenen ADHS diagnostiziert. Eltern eines Kindes mit ADHS haben fünfmal mehr Kosten für die Erziehung ihres Kindes zu tragen als Eltern ohne ADHS. Heute brechen etwa 35 % der Jugendlichen mit ADHS die Schule ab, weil sie mit der Situation nicht zurechtkommen. Ebenso haben etwa 51 % der Mädchen mit ADHS im Teenageralter Selbstverletzungen begangen. Eine von vier Frauen mit ADHS hat einen Selbstmordversuch unternommen. 27 % aller Teenager in den Vereinigten Staaten, die an einer Störung des Drogenmissbrauchs leiden, haben ADHS. 41,3 % der ADHS-Fälle bei Erwachsenen sind schwerwiegend, und schockierenderweise hat sich gezeigt, dass schwere ADHS-Fälle die Lebenserwartung um 25 Jahre verringern. Für Millionen von Menschen ist das Verständnis ihrer ADHS der Unterschied zwischen einem erfüllten, glücklichen Leben und einem unglücklichen, am Rande der Gesellschaft stehenden Leben.

Dieses Buch soll den 4,4 % der Erwachsenen in den USA helfen, die mit ADHS bei Erwachsenen zu kämpfen haben. Es bietet Ihnen Informationen über die Symptome von ADHS; wie Sie diagnostiziert werden, wenn Sie einen Arzt aufsuchen; wie gut ADHS bei Erwachsenen behandelt werden kann; und welche Selbsthilfe- und Alternativstrategien Ihnen zur Verfügung stehen, um ADHS zu bewältigen.

Dies ist nicht nur Ihr erster Schritt zum Verständnis Ihrer ADHS. Es ist auch Ihr erster Schritt, um Ihr Leben, Ihr Glück, Ihre Beziehungen und Ihren Erfolg wiederzuerlangen. Dieses Buch soll Ihnen die Gewissheit geben, dass Sie auf dem richtigen Weg sind, und Ihnen gleichzeitig wissenschaftliche Erkenntnisse über ADHS vermitteln, damit Sie die Fakten über diese Störung besser verstehen.

KAPITEL EINS: WAS IST ADHS BEI ERWACHSENEN?

ADHS (Aufmerksamkeitsdefizit-/Hyperaktivitätsstörung) ist eine sehr häufige neurologische Entwicklungsstörung. ADHS entsteht im Gehirn, manifestiert sich aber im Verhalten einer Person und verursacht Unaufmerksamkeit und/oder Hyperaktivität/Impulsivität, die das Funktionieren oder die Entwicklung beeinträchtigen.

Wenn Sie unter ADHS leiden, fällt es Ihnen enorm schwer, sich auch nur für kurze Zeit zu konzentrieren. Obwohl Sie in der Lage sind, alles, was um Sie herum geschieht, zu verstehen, schweifen Ihre Gedanken ständig ab, ohne dass Sie sie kontrollieren können. Sie finden es unmöglich, Ihre Gedanken beharrlich zu ordnen. Die Störung ist auch durch unkontrollierbare Hyperaktivität gekennzeichnet, bei der Sie sich ständig bewegen, sprechen, zappeln oder klopfen. Bei ADHS zieht Ihr Körper jede Art von Bewegung dem Stillhalten vor. Da sie unkontrollierbar ist, zeigt sich dies auch zu unpassenden Zeiten. Diese unkontrollierbaren Bewegungen führen sehr oft auch zu Unruhe und damit zu körperlicher Ermüdung.

Außerdem ist ADHS durch Impulsivität gekennzeichnet. Impulsivität führt, wie der Name schon sagt, dazu, dass man übereilte Entscheidungen und Handlungen trifft, ohne sie vorher zu durchdenken. Dies führt oft zu Schäden. Die Störung verursacht oft ein Verlangen nach sofortiger Befriedigung, das für Sie gefährlich sein kann. So könnte die Impulsivität beispielsweise dazu führen, dass eine Person mit ADHS sich bereit erklärt, das Handgepäck einer anderen Person durch den Flughafen zu tragen, ohne darüber nachzudenken, warum eine andere Person sie um eine so seltsame Aufgabe bittet.

ADHS-Symptome beginnen in der frühen Kindheit und setzen sich im Erwachsenenalter fort. Leider ist es immer noch typisch, dass die Diagnose ADHS erst im Erwachsenenalter gestellt wird. ADHS im Erwachsenenalter unterscheidet sich nicht allzu sehr von ADHS in der Kindheit. Die Behandlung ist ähnlich (siehe Kapitel vier), ebenso die Symptome. Ebenso ist ADHS bei Erwachsenen schwerer zu erkennen als bei Kindern, weil die Symptome weniger deutlich zutage treten. Dies äußert sich in der Regel durch eine Abnahme der Hyperaktivität, aber durch anhaltende Probleme mit der Aufmerksamkeit, Impulsivität und Unruhe. Der Schweregrad dieser Symptome hängt von der jeweiligen Person ab, wobei einige Erwachsene nicht mehr mit einem oder mehreren der Symptome zu kämpfen haben. Da manche Erwachsene aus der Krankheit herauswachsen, ist es im Gegensatz zu Kindern sehr schwierig, die Störung bei Erwachsenen zu erkennen und zu diagnostizieren.

Erwachsenen mit ADHS fällt es oft schwer, Prioritäten zu setzen und ihre Pflichten zu erfüllen. Dies kann dazu führen, dass wichtige soziale Pläne und Geschäftstreffen vergessen oder sogar ganz versäumt werden. Ein Erwachsener mit ADHS kann aufgrund dieser Unfähigkeit, sich zu konzentrieren und Prioritäten zu setzen, erhebliche Schwierigkeiten bei der Einhaltung von Fristen am Arbeitsplatz haben. Wenn Sie als Erwachsener unter ADHS leiden, verspüren Sie möglicherweise unkontrollierbare Impulse, die Sie dazu veranlassen, aus Ungeduld übereilte Entscheidungen zu treffen und unter Wutausbrüchen, Frustration und Stimmungsschwankungen zu leiden. Als Nachteil wirkt sich dies oft auf Ihre persönlichen und beruflichen Beziehungen aus - vor allem, wenn Sie keine Diagnose haben oder Ihr Umfeld Ihre Diagnose nicht ernst nimmt.

Erwachsene, die nicht diagnostiziert werden, haben erhebliche Schwierigkeiten, alltägliche Aufgaben zu bewältigen. Sie verstehen vielleicht nicht, was los ist, oder sogar, dass ihre Schwierigkeiten durch eine Gehirnstörung verursacht werden. ADHS führt häufig zu psychischen Problemen, insbesondere bei Patienten mit schweren Symptomen. Dies gilt insbesondere für Erwachsene, bei denen die Diagnose nicht gestellt wird. Sie haben möglicherweise das Gefühl, dass mit ihnen etwas nicht stimmt, weil sie trotz ihrer Bemühungen erhebliche Schwierigkeiten haben, anderen als "normal" zu erscheinen. Die damit verbundenen Schuldzuweisungen und Schamgefühle können ebenfalls zu erheblichen psychischen Problemen führen.

ADHS bei Erwachsenen ist nach wie vor eine viel untersuchte neurologische Entwicklungsstörung. Die aktuelle Forschung entdeckt immer noch neue Zusammenhänge zwischen Aufmerksamkeitsdefizit-/Hyperaktivitätsstörung und Trauma, Ethnie, emotionaler Dysregulation und ablehnungsempfindlicher Dysphorie. Wissenschaftliche Entdeckungen fördern auch neue, innovative Behandlungsmethoden für die Störung, die von Medikamenten bis zu Videospielen reichen.

Ursachen von ADHS

Es gibt einige anerkannte Ursachen und Risikofaktoren für ADHS. Wissenschaftler erforschen diese Ursachen auch heute noch, um die Störung besser zu verstehen. Wenn die Wissenschaftler die Risikofaktoren und Ursachen verstehen, können sie bessere Behandlungen und Managementstrategien für die Störung entwickeln. Diese Forschungsstudie wird es den Wissenschaftlern auch ermöglichen zu verstehen, wie die Wahrscheinlichkeit, dass eine Person an ADHS bei Erwachsenen leidet, verringert werden kann.

Derzeit sind die genauen Ursachen und Risikofaktoren von ADHS noch unbekannt, doch die aktuelle Forschung hat einen klaren Zusammenhang zwischen Genetik und der Entwicklung von ADHS aufgezeigt. Das National Human Genome Research Institute hat die genetischen Faktoren erforscht, die zu ADHS beitragen. Dem Institut zufolge scheint ADHS familiär gehäuft aufzutreten, wobei Forschungsstudien darauf hindeuten, dass die Störung eine genetische Komponente aufweist.

Diese Hypothese wurde 2019 bestätigt, als Wissenschaftler den ersten genomweiten signifikanten Risikolocus für die Aufmerksamkeitsdefizit-/Hyper-aktivitätsstörung entdeckten. Es handelte sich um eine der größten Studien zu ADHS auf Gen-Ebene mit über 55 000 Teilnehmern aus der ganzen Welt. Die Studie konnte Hunderttausende von menschlichen Genen auf einige wenige Gene eingrenzen, die möglicherweise ADHS verursachen, darunter DUSP6 und SEMA6D. Dr. Anders Børglum, der an der Studie mitgearbeitet hat, sagte:

"Diese neuen genetischen Erkenntnisse bieten völlig neue Einblicke in die Biologie hinter der Entwicklung von ADHS. Einige der betroffenen Gene beeinflussen zum Beispiel, wie Gehirnzellen miteinander kommunizieren, während andere für kognitive Funktionen wie Sprache und Lernen wichtig sind. Die Risikovarianten regulieren typischerweise, wie stark ein Gen exprimiert wird, und unsere Ergebnisse zeigen, dass die betroffenen Gene vor allem im Gehirn exprimiert werden."

Diese Forschung war ein Durchbruch im wissenschaftlichen Verständnis von ADHS, da sie endlich die genetischen Ursachen der Störung aufzeigen konnte. Die an der Studie beteiligten Wissenschaftler zeigten sich erfreut, dass die Forschung zu ADHS mit der Forschung zu anderen psychischen Störungen wie Depression und Schizophrenie gleichziehen kann. Diese neue Forschung ist ein Weg, der es Wissenschaftlern ermöglicht, die Wahrscheinlichkeit vorherzusagen, dass ein Paar ein Kind mit ADHS bekommt.

Abgesehen von den genetischen Ursachen gibt es weitere Ursachen, die nach Ansicht der Mediziner für ADHS verantwortlich sind. Sie sind:

- Alkoholkonsum und Rauchen während der Schwangerschaft.

- Hirnverletzungen, z. B. bei Kontaktsportarten wie Fußball.

- Exposition gegenüber Umweltrisikofaktoren wie Blei oder Asbest während der Schwangerschaft oder in jungen Jahren.

- Niedriges Geburtsgewicht.

- Vorzeitige Entbindung.

Mythen über die Ursachen von ADHS, wie z. B. übermäßiger Zuckerkonsum, Impfungen, zu viel Fernsehen, familiäre Probleme oder andere gesellschaftliche Probleme wie Armut, sind einfach nur Mythen. Es gibt keine wissenschaftlichen Informationen, die darauf hindeuten, dass einer dieser Risikofaktoren realisierbar ist, auch wenn sie die Ursachen von ADHS verschlimmern können. Im Gegensatz zu Erkrankungen wie Depressionen wird ADHS nicht durch Stimmungsschwankungen oder Stimmungsstörungen aufgrund gesellschaftlicher oder familiärer Probleme ausgelöst.

Arten von ADHS

Nach Angaben der American Psychiatric Association gibt es drei verschiedene Formen von ADHS: den unaufmerksamen Typ, den hyperaktiven/impulsiven Typ und den kombinierten Typ. Ein Psychiater wird in der Regel anhand der Symptome, die Sie in den letzten sechs Monaten erlebt haben, diagnostizieren, welche Art von ADHS bei Ihnen vorliegt.

<u>Kapitel Zusammenfassung</u>

- ADHS gilt als eine neurologische Entwicklungsstörung.

- ADHS verursacht Unaufmerksamkeit und/oder Hyperaktivität-Impulsivität, die das Funktionieren oder die Entwicklung beeinträchtigen.

- ADHS erschwert es enorm, die Aufmerksamkeit auch nur für kurze Zeit zu fokussieren, was zu Schwierigkeiten und Herausforderungen im normalen Leben führt.

- Die Impulsivität von ADHS führt dazu, dass Sie übereilte Entscheidungen und Handlungen treffen, ohne sie vorher zu durchdenken.

- ADHS-Symptome beginnen in der frühen Kindheit und setzen sich bis ins Erwachsenenalter fort. Manchmal wachsen Kinder mit ADHS aus der Störung heraus.

- Die Ursachen und Risikofaktoren von ADHS sind nach wie vor weitgehend unbekannt, aber Wissenschaftler haben kürzlich einige Gene gefunden, die ADHS zu verursachen scheinen.

KAPITEL ZWEI: DIE SYMPTOME VON ADHS BEI ERWACHSENEN

Die Erkennung von ADHS-Symptomen bei Erwachsenen ist schwieriger als bei Kindern, weil es leicht ist, diese Symptome auf persönliche Schwächen zurückzuführen.

"Meine Unfähigkeit, mich auf die Gegenwart zu konzentrieren, lässt andere denken, dass ich mich nicht interessiere. Ich langweile mich schnell und leicht und habe Schwierigkeiten, anderen zuzuhören. Außerdem fühle ich mich bei Gruppenaktivitäten, bei denen soziale Interaktion erforderlich ist, sehr unwohl, weil ich es vorziehe, nicht bemerkt zu werden. Ich habe immer Angst, dass ich etwas Falsches sagen könnte. Manchmal vergesse ich sogar, Hallo oder Auf Wiedersehen zu sagen, und die anderen beschuldigen mich, unhöflich zu sein.

Im obigen Beispiel ist es sehr einfach, die Person als egozentrisch und unhöflich zu betrachten, aber Schwierigkeiten bei der Aufrechterhaltung von Beziehungen sind ein häufiges Symptom von ADHS bei Erwachsenen.

Außerdem ist es wichtig zu wissen, dass andere psychische Erkrankungen wie Depressionen, Angstzustände und bipolare Störungen diagnostiziert werden können, auch wenn man ADHS hat.

Doch es gibt auch eine andere Art, ADHS zu betrachten. Während es üblich ist, dass Menschen mit ADHS als Ausgestoßene und Enttäuschungen angesehen werden, die nicht in die neurotypische Welt passen, gibt es eine andere Seite von ADHS, die selten gewürdigt wird. Die Symptome von ADHS werden selbst in der wissenschaftlichen und psychiatrischen Welt oft so dargestellt, als seien sie nichts als Probleme. Wenn Sie zum Beispiel an einer unaufmerksamen Präsentations-ADHS leiden, wird eines Ihrer häufigsten Symptome als "Unfähigkeit, sich auf wichtige Aufgaben zu konzentrieren" beschrieben. Bei der Formulierung dieser Symptome wird jedoch außer Acht gelassen, dass ADHS in unserer heutigen Welt, in der der Arbeitsplatz auf neurotypische Menschen zugeschnitten ist, nur negativ auffällt. In vielen Bereichen können die mit ADHS verbundenen Symptome sogar von Vorteil sein!

Auf diese Weise unterscheidet sich ADHS von vielen anderen psychischen Störungen. Es gibt keine Welt, in der die Symptome von Depressionen oder ständiger Angst vielleicht eine gute Sache sind. Unsere neurotypische Welt ist jedoch auf langfristige, geordnete und bürokratische Ziele ausgerichtet. Deshalb wird ADHS als eine *Störung* betrachtet.

Der kurzfristige, gleichzeitige Fokus von ADHS ermöglicht es Ihnen, ein großartiger Problemlöser zu sein. Ihr Verstand springt im Zickzack von einem Problem zum anderen, von einem Fokus zum anderen. Dies ermöglicht es Ihrem Gehirn jedoch, Denkmuster zu entwickeln, mit denen Sie Probleme schnell lösen können. So wie Sie von einem Schwerpunkt zum anderen, von einer Aufgabe zur nächsten, von einem Gespräch zum nächsten springen, so springen Sie auch von einer Lösung zur nächsten. Manche Probleme erfordern langfristiges Denken und langfristige Lösungen, andere wiederum kurzfristiges Denken. Manche Entscheidungen müssen sofort getroffen werden, was ein Gehirn und ein Nervensystem erfordert, das in der Lage ist, Probleme sofort zu lösen.

Menschen mit ADHS können sehr liebenswerte Menschen mit einem Sinn für Humor sein. Sobald Sie mit einem Problem konfrontiert werden, kehren Sie zu diesem Problem zurück, bis Sie es meistern. Ihre Besessenheit, jede neue Herausforderung zu meistern, führt zu innovativen Lösungen für Probleme. In einer neurotypischen Welt voller Regeln und Konventionen ist der ADHS-Geist eine unerschöpfliche Quelle für Innovationen, die Ordnung und Konventionen für immer aufbrechen. Wenn Sie die unten aufgeführten Symptome durchgehen, denken Sie daran, dass Sie vielleicht nicht gut darin sind, eine dreistündige Prüfung abzulegen oder sich lange auf das zu konzentrieren, was andere sagen, aber das bedeutet nicht, dass mit Ihnen etwas "nicht stimmt". Es bedeutet einfach, dass Sie eine neurodivergente Person sind, die in einer neurotypischen Welt lebt.

Stellen Sie es sich so vor: Sie sind eine Katze, die in einer Welt lebt, die von, für und um Hunde herum gebaut wurde. Oder um es wissenschaftlich auszudrücken: Ihre Welt ist kurvenförmig, aber von Ihnen wird erwartet, dass Sie in eine lineare Welt passen. In Ihrer Welt sind Vergangenheit, Gegenwart und Zukunft nie getrennt; sie sind nicht eindeutig. Sie leben nur in der Gegenwart. In der Tat ist es für Sie quasi unmöglich, aus Erfahrungen zu lernen oder in die Zukunft zu blicken, um die unausweichlichen Folgen Ihrer Handlungen zu erkennen. Dies unterscheidet sich von einer neurotypischen Welt, in der alles normalerweise in einen Anfang, eine Mitte und ein Ende unterteilt ist. Bei einem ADHS-Gehirn gibt es keinen Anfang, keine Mitte und kein Ende. Alles fließt in einem Kontinuum, so dass Sie nicht in der Lage sind, den Anfang zu finden oder sich an einen bestimmten Zeitpunkt zu halten. Wahrscheinlich springt man einfach in die Mitte und arbeitet in alle Richtungen gleichzeitig.

Im folgenden Abschnitt finden Sie eine Liste der verschiedenen Anzeichen und Symptome von ADHS. Auch wenn Sie vielleicht viele der Symptome bei sich selbst wiedererkennen, ist es wichtig, dass Sie niemals eine Selbstdiagnose stellen. Wenn Sie glauben, dass Sie ADHS haben könnten, sollten Sie unbedingt einen Arzt aufsuchen, um eine offizielle Diagnose zu erhalten, insbesondere bevor Sie mit einer Behandlung beginnen.

Symptome der überwiegend unaufmerksamen Darstellung von ADHS

Sie haben möglicherweise eine überwiegend unaufmerksame Präsentation von ADHS, wenn Sie:

- Sie sind leicht ablenkbar.

- Es fällt Ihnen schwer, genau auf Details zu achten. So kann es Ihnen zum Beispiel unmöglich sein, bei langen Arbeitssitzungen aufmerksam zu sein.

- Sie machen bei der Erledigung von Aufgaben Flüchtigkeitsfehler, z. B. bekommen Sie als Student in der Schule immer wieder schlechte Noten, weil Sie in Prüfungen Flüchtigkeitsfehler machen. Das liegt daran, dass Sie nicht gut im Ordnen sind, also in der Fähigkeit, Teile einer Aufgabe in irgendeiner Form zu planen und auszuführen.

- Sie vermeiden (und mögen wahrscheinlich auch nicht) Aufgaben, die eine anhaltende geistige Anstrengung erfordern. Das kann zu einem Stolperstein im Leben werden. So fällt es Ihnen vielleicht schwer, bestimmte Berufe zu ergreifen, die eine anhaltende geistige Anstrengung erfordern, wie z. B. Ingenieurwesen oder Journalismus. Das Verfassen von Berichten, das Ausfüllen von Formularen und sogar so einfache Dinge wie das Befolgen eines langen Rezepts können für Sie eine Herausforderung sein.

- Es fällt Ihnen schwer, sich auf Aufgaben oder Aktivitäten zu konzentrieren, und Sie können langen Gesprächen nicht folgen. Sie scheinen sogar nicht zuzuhören, wenn jemand mit Ihnen spricht, als ob Sie mit Ihren Gedanken ganz woanders wären.

- Sie befolgen Anweisungen nicht, egal, wer sie gibt. Sie sind zu abgelenkt und vergessen es vielleicht. Oder es wird Ihre ganze Aufmerksamkeit gefordert, die Sie nicht aufbringen können, egal wie sehr Sie sich bemühen. Das hat zur Folge, dass Sie Schularbeiten, Hausarbeiten oder berufliche Pflichten nicht erledigen können. Es kann sogar sein, dass Sie mit einer Aufgabe beginnen, aber schnell die Konzentration verlieren.

- Sie haben Probleme mit der Organisation von Aufgaben und Arbeiten, die Sie erledigen müssen. Sie verfügen über keinerlei Organisationstalent, weil Ihr Gehirn Konzepte wie Linearität und lineare Zeit nicht verarbeiten kann. Sie haben ein schlechtes Zeitmanagement; Sie sind selbst bei den wichtigsten Aufgaben chaotisch und unorganisiert und versäumen sogar sehr wichtige Termine. Außerdem verlieren Sie sehr oft Dinge, die Sie für Ihre täglichen Aufgaben benötigen. Sie verlieren häufig Dinge wie Ihre Schlüssel, Bücher, Brillen, Handys, Medikamente, Ausweispapiere und vieles mehr.

- Sie vergessen, tägliche Aufgaben zu erledigen oder abzuschließen. Ihre Aufgaben stapeln sich und Ihr Leben wird behindert, weil Sie vergessen, Besorgungen zu machen. Sie halten zum Beispiel wichtige Termine nicht ein und vergessen, Lebensmittel einzukaufen, auch wenn es zu Hause nichts zu essen gibt.

Symptome der überwiegend hyperaktiv-impulsiven Darstellung von ADHS

Sie haben möglicherweise eine überwiegend hyperaktiv-impulsive Darstellung von ADHS, wenn:

- Sie können nicht spielen, arbeiten oder andere Tätigkeiten in Ruhe ausüben. Wie der Name schon sagt, sind Sie bei hyperaktiv-impulsivem ADHS hyperaktiv, so dass Sie nicht stillhalten können. Sie zappeln mit Gegenständen herum, klopfen ständig mit den Händen oder Füßen, zappeln in Ihrem Sitz, klopfen auf Ihren Stift oder führen irgendeine andere Handlung aus, bei der Sie Ihre hyperaktive Energie freisetzen können.

- Sie können nicht einmal für kurze Zeit an einem Ort sitzen bleiben. Sie müssen immer in Bewegung sein.

- Sie haben Schwierigkeiten zu warten, bis Sie an der Reihe sind. Vielleicht stellen Sie sich in einem Café voreilig an oder sind frustriert, wenn andere in der Warteschlange vor Ihnen zuerst bedient werden.

- Sie rennen herum oder klettern auf Gegenstände, selbst in den unpassendsten Momenten.

- Sie sind immer "auf dem Sprung", wie von einem Motor angetrieben. Dazu gehört auch das ständige Reden, bei dem Sie scheinbar nie eine Pause einlegen.

- Sie platzen mit Antworten heraus, noch bevor eine Frage zu Ende gestellt wurde. Sie beenden zum Beispiel die Sätze anderer Personen oder übernehmen Gespräche und lassen die andere Person nicht zu Wort kommen.

- Sie unterbrechen andere oder drängen sich ihnen auf. Du mischst dich in Gespräche ein, an denen du nicht beteiligt bist, du versuchst mit Gewalt, dich in die Aktivitäten anderer einzuschließen, und du benutzt Dinge, ohne die Erlaubnis der anderen zu haben. Oft übernimmst du, was andere gerade tun.

Kombinierter Typ ADHS

ADHS vom kombinierten Typ bedeutet nicht, dass Ihr ADHS im Vergleich zu überwiegend hyperaktivem ADHS oder überwiegend unaufmerksamem ADHS schwerer ist. Es bedeutet lediglich, dass Ihre Symptome einigermaßen gleichmäßig auf die beiden oben genannten Typen verteilt sind. Wenn bei Ihnen eine Reihe von Symptomen aus beiden oben genannten Listen auftritt, könnte dies bei Ihnen der Fall sein.

Andere häufige Symptome von ADHS

- Möglicherweise stellen Sie fest, dass Sie eine geringe Toleranz gegenüber äußeren Sinneserfahrungen haben, was als Hyperakusis bezeichnet wird. Die Art und Weise, wie Ihr Gehirn arbeitet, führt dazu, dass Sie übersteigerte Sinne haben. So kann es sein, dass Sie schon beim geringsten Geruch den Raum verlassen müssen oder dass Sie selbst bei den kleinsten, leisesten Geräuschen hellwach sind. Auch Ihre Gedanken sind ständig in hoher Lautstärke präsent, so dass Ihr Nervensystem von den alltäglichen Erlebnissen überwältigt wird.

- Man kann Sinneseindrücke nicht ausblenden. Eine neurodivergente Person kann einen Gegenstand ansehen, sich aber nicht darauf konzentrieren, oder hören, was eine Person sagt, ohne tatsächlich zuzuhören.

- Ihre Stimmung und Ihr Energielevel schwanken von gelangweilt, unengagiert oder von einer Aufgabe gefangen zu hyperfokussiert, energiegeladen und fast besessen von einer Aufgabe. Wenn Sie unkonzentriert sind, fühlen Sie sich lethargisch, höchst unzufrieden, reizbar und streitsüchtig. Wenn Sie super-fokussiert sind, sind Sie interessiert, herausgefordert und haben Freude daran, Projekte zu beginnen und durchzuhalten. Wenn Sie interessiert sind, können Sie in kurzer Zeit qualitativ hochwertige Arbeit leisten.

- Ihr Nervensystem scheint nie zur Ruhe zu kommen. Sie sind immer auf der Suche nach etwas Interessantem und Herausforderndem, das Sie tun können. Entgegen der Bezeichnung "Aufmerksamkeitsdefizit" ist Ihre Aufmerksamkeit nicht defizitär (sie wird nur defizitär, wenn Sie sich langweilen). Ihre Aufmerksamkeit ist in der Regel immer auf "Hochtouren". Sie sind ständig mit Ihren Gedanken beschäftigt, die mit einer Geschwindigkeit von hundert Meilen pro Minute zu laufen scheinen. In der Regel haben Sie eine Handvoll verschiedener Gedanken gleichzeitig im Kopf. Infolgedessen können Sie Ihre volle, ungeteilte Aufmerksamkeit nicht nur einer Sache widmen, es sei denn, Sie sind hyperfokussiert. (Auf die Hyperfokussierung wird später noch eingegangen).

Warum die Symptome wichtig sind

Die Symptome von ADHS sind wichtig für die ärztliche Diagnose der Störung. Das Erkennen der Symptome von ADHS ist auch gut für Ihre eigene psychische Gesundheit. Es bestätigt Ihre Erfahrung und hilft Ihnen, sich weniger isoliert von anderen zu fühlen. Wenn Sie wissen, wie sich Ihr ADHS äußert, können Sie es besser bewältigen.

Wenn man an ADHS leidet, kann man das Gefühl haben, nicht alle Ressourcen zu haben, die man zum Überleben in der Welt braucht. Dinge, die den meisten Menschen trivial erscheinen, stellen Ihre Welt auf eine Weise auf den Kopf, die andere Menschen nicht verstehen. Sie fühlen sich nicht nur entfremdet durch die Schwierigkeiten, die Sie haben, wenn Sie versuchen, in einer neurotypischen Welt zu leben, sondern Sie werden auch noch weiter von der Welt isoliert, wenn die Menschen Ihre Handlungen falsch interpretieren und sie als unhöflich, ahnungslos, ignorant, arrogant, pflegeaufwendig, anspruchsvoll, reizbar und seltsam verharmlosen. Vielleicht haben Sie versucht, sich "anzupassen" und sind kläglich gescheitert. Was für Sie normal ist, ist für andere einfach nicht normal, und Sie werden oft als "anders" abgestempelt.

Zum Glück können Sie nicht vor Ihren Symptomen davonlaufen. Ich sage "zum Glück", weil Sie so, wie Sie sind, völlig normal sind. Sie müssen nicht neurotypisch sein, um "normal" zu sein. Sie müssen sich einfach selbst besser verstehen, damit Sie lernen können, wie Sie in der heutigen Welt bestmöglich funktionieren können. Wenn Sie sich selbst verstehen, können Sie auch lernen, wie Sie die Vorteile von ADHS optimal nutzen und die Probleme, die ADHS mit sich bringen kann, minimieren können. Wenn Sie die Symptome von ADHS nicht genau kennen, könnten Sie anfangen, unangepasste Techniken anzuwenden, um erfolgreich zu s ein.

Kapitel Zusammenfassung

- Die Erkennung von ADHS-Symptomen bei Erwachsenen ist schwieriger als die Erkennung von ADHS-Symptomen bei Kindern.

- Bei ADHS kann auch eine andere psychische Erkrankung diagnostiziert werden.

- Menschen mit ADHS können sehr liebenswerte Menschen sein, die einen großen Sinn für Humor haben.

- Menschen mit ADHS finden oft innovative Lösungen für Probleme.

- Es ist wichtig, dass Sie niemals eine Selbstdiagnose stellen. Wenn Sie glauben, dass Sie ADHS haben könnten, sollten Sie eine Diagnose von einer medizinischen Fachkraft erhalten.

KAPITEL DREI: WIE ADHS BEI ERWACHSENEN DIAGNOSTIZIERT WIRD

Die Diagnose von ADHS ist sehr wichtig für Ihr langfristiges Glück. Wenn ADHS bei Erwachsenen nicht diagnostiziert oder behandelt wird, kommt es häufig zu Begleiterkrankungen wie Angstzuständen, PTBS, Depressionen und Essstörungen.

ADHS kann nicht mit einem Labortest diagnostiziert werden. Es gibt keinen einzigen Test für ADHS. Stattdessen wird eine qualifizierte Fachkraft die Diagnose stellen, indem sie von Ihnen Informationen über Ihr Verhalten, Ihre Denkprozesse und Ihre Schwierigkeiten im täglichen Leben sammelt. Zu einer umfassenden Bewertung gehören in der Regel eine Überprüfung früherer und aktueller Symptome und die Verwendung von Bewertungsskalen oder Checklisten für Erwachsene. Füllen Sie eine Checkliste aus und lassen Sie sich medizinisch untersuchen (einschließlich Seh- und Hörtest), um zunächst sicherzustellen, dass die Symptome nicht auf andere medizinische Probleme zurückzuführen sind. Ihr Arzt wird von Ihnen Informationen einholen müssen, z. B. über Ihre aktuellen medizinischen Probleme, Ihre persönliche und familiäre Krankengeschichte und den Verlauf Ihrer Symptome, beginnend mit dem Beginn Ihrer Symptome in der Kindheit.

Die Diagnose von ADHS bei Erwachsenen kann schwierig sein, da viele nicht diagnostizierte Erwachsene im Laufe der Jahre gelernt haben, viele ihrer Symptome zu verbergen oder zu maskieren. Einige Erkrankungen und Behandlungen können auch die Anzeichen und Symptome von ADHS nachahmen. So können beispielsweise Drogenkonsum und -missbrauch, wie Alkoholmissbrauch und die Einnahme von medizinisch diagnostizierten Medikamenten, viele ähnliche Symptome verursachen. Auch psychische Störungen wie Depressionen, psychiatrische Erkrankungen und Angstzustände können die Symptome von ADHS nachahmen, ebenso wie andere medizinische Probleme, die das Denken und Verhalten beeinflussen. Wenn Sie unter Schlafstörungen und Gehirnproblemen, Hypoglykämie (Unterzuckerung) und anderen Entwicklungsstörungen leiden, ist es möglich, dass auch deren Symptome mit ADHS verwechselt werden.

Lernen Sie Ihre persönliche Geschichte kennen

Die medizinische Fachkraft wird Ihnen viele Fragen zu Ihrer Kindheit stellen. Da ADHS in der Kindheit beginnt, muss die Fachkraft die Symptome in Ihrer Kindheit herausfinden. Sie werden Dinge wissen müssen wie:

- Bist du in der Schule oft in Schwierigkeiten geraten?

- Waren Sie in Ihrer Kindheit unordentlich?

- Hatten Sie in der Schule schlechte oder gute Noten?

- Wurden Sie beschimpft mit Worten wie: "faul", "unordentlich" oder "nachlässig"?

- Hast du dich in der Schule unverstanden und in der Schule oder zu Hause isoliert gefühlt?

Wenn Sie Ihren Diagnose-Termin wahrnehmen, sollten Sie Ihre Zeugnisse und andere Aufzeichnungen aus Ihrer Schulzeit mitbringen, falls Sie sie noch haben oder finden können. Auf den Zeugnissen stehen nicht nur Ihre Noten, sondern auch Kommentare der Lehrer über Ihre Persönlichkeit, Ihren Charakter und Ihr Verhalten, die auf Ihre ADHS-Symptome hinweisen können. Sie sollten auch Ihre medizinischen Unterlagen mitnehmen. Wenn Ihre Eltern oder Erziehungsberechtigten Sie in Ihrer Kindheit zu einem Arzt gebracht haben, können diese Unterlagen ebenfalls auf Symptome von ADHS hinweisen, selbst wenn Sie damals falsch diagnostiziert wurden.

Die Fachkraft, die Sie untersucht, kann Sie auch bitten, ein Elternteil, einen Vormund, einen früheren Schulleiter, einen Kinderpsychiater oder eine andere Person zu kontaktieren, die Informationen über Ihre Kindheit geben kann. Es kann sein, dass Sie sich ängstlich fühlen, wenn Sie sich nicht an bestimmte Kindheitserlebnisse erinnern können. Das ist normal, also machen Sie sich keine Sorgen. Die Fachkraft wird bei Ihnen nur dann ADHS diagnostizieren, wenn Sie vor Ihrem zwölften Lebensjahr Symptome der Störung gezeigt haben. Es ist schwierig, sich an Ereignisse zu erinnern, die vor dem zwölften Lebensjahr passiert sind, daher sind Rückmeldungen von Erwachsenen aus Ihrem Umfeld sehr wichtig. Einige der von Ihnen gezeigten Symptome können sich mit zunehmendem Alter verändert haben, was aber nicht bedeutet, dass Sie nicht mehr an ADHS leiden.

Bewertung Ihrer Symptome/Verhaltensweisen heute

Nach der Anamnese in Ihrer Kindheit werden Ihre heutigen Symptome beurteilt, einschließlich aller Schwierigkeiten oder Probleme, die Sie als Erwachsener aufgrund dieser Symptome hatten. Ihr Arzt wird Ihnen wahrscheinlich eine Version der folgenden Fragen stellen:

- Fühlen Sie sich bei der Arbeit missverstanden und von Ihren Angehörigen und Kollegen isoliert?

- Vergessen Sie oft, Ihre Rechnungen zu bezahlen oder wichtige Termine und Besprechungen wahrzunehmen?

- Fällt es Ihnen schwer, sich auf Studien- oder Arbeitsaufgaben zu konzentrieren oder diese zu erledigen?

- Haben Sie erhebliche Schwierigkeiten in Ihren Beziehungen?

Um eine ADHS-Diagnose zu stellen, muss ein Fachmann feststellen, dass die Symptome, die bei Ihnen auftreten, Ihnen große Schwierigkeiten bereiten. Wenn Sie mehrere ADHS-Symptome haben, diese Ihnen aber keine Schwierigkeiten bereiten, wird bei Ihnen kein ADHS diagnostiziert. Daher ist diese Phase der Diagnose sehr wichtig.

Sie sollten alles mit der Fachkraft teilen. Seien Sie ehrlich, auch wenn es Ihnen peinlich ist oder Sie meinen, es sei nicht relevant. Die Fachkraft wird höchstwahrscheinlich verlangen, dass einige andere Personen in Ihrem Leben einen Fragebogen über Ihr Verhalten und Ihren Charakter ausfüllen. Auch wenn wir noch so gut in der Selbstreflexion sind, haben wir alle blinde Flecken in unserem Charakter. Menschen, die Ihnen nahestehen, werden Symptome und Verhaltensprobleme sehen, die Sie vielleicht übersehen haben. Sie bringen einen anderen Blickwinkel auf Ihre Erfahrungen ein, der dem Fachmann helfen wird, ein vollständiges Bild Ihrer Symptome zu zeichnen. Sie denken zum Beispiel, dass Sie die Kunst der freundlichen Konversation beherrschen, aber ein Freund könnte glauben, dass Sie sich sehr langweilen, wenn andere mit Ihnen über ein Thema sprechen, an dem Sie kein Interesse haben.

Darüber hinaus umfasst ein ADHS-Diagnoseverfahren in der Regel eine oder mehrere Verhaltensbewertungsskalen. Eine Ratingskala enthält in der Regel zwischen 20 und 90 Fragen, die die Häufigkeit von ADHS-bezogenen Verhaltensweisen bewerten. Die Fragen sind immer auf der Grundlage der Definition von ADHS im Diagnostischen und Statistischen Handbuch Psychischer Störungen (DSM-5) konzipiert.

Möglicherweise werden Sie gebeten, die Skala vor der Untersuchung auszufüllen oder sie während des Termins auszufüllen. Diese Skalen allein werden Ihnen keine vollständige Diagnose liefern, und sie werden Ihnen auch keine ausreichenden, objektiven medizinischen Beweise liefern. Unabhängig davon, welche Bewertungsskala Sie verwenden, wird die Skala immer subjektiv sein. Sie sind dennoch sehr nützlich, weil sie helfen, ein klareres Bild Ihrer Symptome zu zeichnen.

Es gibt vier Skalentypen, die zur Diagnose von ADHS bei Erwachsenen verwendet werden:

- ADHS-Selbstberichtsskala für Erwachsene (ASRS v1.1).

- Klinische Diagnoseskala für Erwachsene mit ADHS (ACDS) v1.2.

- Brown Attention-Deficit Disorder Symptom Assessment Scale (BADDS) für Erwachsene.

- ADHD Rating Scale-IV (ADHD-RS-IV).

Trotz der unterschiedlichen Bewertungsskalen müssen Sie bei allen Fragen zu Verhaltensweisen wie z. B. dem Verhalten beantworten:

- Ihre Erfahrungen mit Squirming.

- Ihre Erfahrungen mit Schwierigkeiten, sich zu konzentrieren, zu organisieren und aufmerksam zu sein.

- Ihre Erfahrungen mit der Zappelei.

- Schwierigkeiten bei der Befolgung von Anweisungen oder Aufgaben.

- Alle Schwierigkeiten, die Sie haben, geduldig zu sein.

- Irgendwelche Schwierigkeiten, still zu halten.

- Etwaige Schwierigkeiten, wenn Sie nicht warten können, bis Sie an der Reihe sind.

- Etwaige Schwierigkeiten, andere zu unterbrechen.

- Schwierigkeiten, sich an Termine oder Verpflichtungen zu erinnern.

Untersuchung auf andere psychische Erkrankungen

Einige medizinische Fachkräfte werden Sie auch auf andere psychische Erkrankungen testen wollen. So kann es sein, dass Sie einen kognitiven Test benötigen, um Lern- oder geistige Behinderungen festzustellen, die zu Schwierigkeiten in der Schule oder am Arbeitsplatz führen. Bei einem Test zur psychischen Gesundheit wird auch auf Persönlichkeits- oder Stimmungsstörungen geprüft. Einige dieser Persönlichkeitsstörungen ahmen die Symptome von ADHS nach. Mit diesen Tests kann sichergestellt werden, dass Ihre Symptome nicht durch andere psychische Störungen oder Persönlichkeitsstörungen verursacht werden, damit Ihre ADHS-Diagnose korrekt ist.

ADHS verursacht keine anderen psychologischen oder entwicklungsbezogenen Probleme. Allerdings treten oft andere Störungen auf, sobald man ADHS hat, was die Behandlung der Störung weiter erschwert. Diese sind typischerweise:

Angst-Störungen

Angststörungen sind bei Erwachsenen mit ADHS relativ häufig. Angststörungen sind gekennzeichnet durch intensive Ängste, Sorgen und Nervosität in Bezug auf eine Vielzahl von Dingen, einschließlich der persönlichen Gesundheit, der Arbeit, sozialer Interaktionen und alltäglicher Lebensumstände. Wenn Sie ADHS haben, können sich Ihre Ängste durch die Herausforderungen und Schwierigkeiten, die durch ADHS verursacht werden, noch verschlimmern.

Gemütskrankheiten

Depressionen, bipolare Störungen oder andere Stimmungsstörungen sind bei Menschen mit ADHS sehr häufig. Stimmungsstörungen werden nicht direkt durch ADHS verursacht. Sie können jedoch durch die Symptome von ADHS verschlimmert werden. Dazu gehören wiederholte Misserfolge und Frustrationen, die Missverständnisse, die andere in Bezug auf Ihre Symptome haben, und Ihre Unfähigkeit, emotionale Beziehungen zu anderen Menschen aufzubauen.

Andere psychiatrische Störungen

Bei Erwachsenen mit ADHS ist die Wahrscheinlichkeit größer, dass sie andere psychiatrische Störungen entwickeln, z. B. Störungen des Substanzkonsums, Persönlichkeitsstörungen und intermittierende explosive Störungen.

Lernbehinderungen

Wie bereits in einem früheren Kapitel erwähnt, schneiden Erwachsene mit ADHS bei akademischen Tests in der Regel schlechter ab als Personen mit gleicher Intelligenz, Bildung und gleichem Alter. Lernbehinderungen sind oft durch Schwierigkeiten beim Verstehen und Kommunizieren gekennzeichnet.

Eine Fachkraft für die Diagnose von ADHS finden

Es kann eine Herausforderung sein, einen Psychologen oder Arzt zu finden, der eine ADHS-Diagnose für Sie stellt. Die folgenden Tipps helfen Ihnen, eine Fachkraft zu finden, ohne dass es zu Problemen kommt:

- Vereinbaren Sie einen Termin mit Ihrem Hausarzt, um einige Empfehlungen zu erhalten.

- Sprechen Sie mit Ihrem Therapeuten (falls Sie einen haben) über professionelle Empfehlungen.

- Nutzen Sie das Internet, um nach Fachleuten in Ihrer Stadt oder Region zu suchen. Versuchen Sie, Bewertungen dieser Fachleute zu finden, oder fragen Sie in Ihrer Umgebung nach, um Bewertungen durch Mundpropaganda zu erfahren.

- Informieren Sie sich, welche Leistungen Ihre Versicherung abdeckt.

- Scheuen Sie sich nicht, Fragen zu stellen. Scheuen Sie sich auch nicht, mehrere Fachleute auszuprobieren, bis Sie jemanden gefunden haben, mit dem Sie zufrieden sind.

Zusammenfassung der Kapitel

- Wenn ADHS bei Erwachsenen nicht diagnostiziert oder behandelt wird, kommt es häufig zu Begleiterkrankungen wie Angstzuständen,

PTBS, Depressionen und Essstörungen.

- Es gibt keinen einzigen Test für ADHS. Es gibt einige Tests, die Sie machen müssen, um eine genaue Diagnose von ADHS zu erhalten.

- Ihr Arzt muss möglicherweise Ihre Familienmitglieder und frühere Autoritätspersonen befragen, um bei Ihnen ADHS zu diagnostizieren.

KAPITEL VIER: WIE ADHS BEI ERWACHSENEN TYPISCHERWEISE BEHANDELT WIRD

Nachdem bei Ihnen ADHS diagnostiziert wurde, besteht der nächste Schritt zur Bewältigung Ihrer ADHS darin, eine Behandlung zu suchen. Eine Behandlung wird Ihnen ungemein helfen. Die Diagnose ist oft der Wendepunkt für Menschen mit ADHS im Erwachsenenalter. Viele Menschen mit ADHS im Erwachsenenalter berichten, dass sie sich zum ersten Mal in ihrem Leben "normal" fühlen, nachdem sie sich jahrelang mit lähmenden Schmerzen herumgeschlagen haben, manchmal mit maladaptiven Strategien wie Drogenmissbrauch.

Sobald die Scham und die Unsicherheit durch die Diagnose beseitigt sind, ist der nächste Schritt zur Heilung die Behandlung. Die Behandlung wird Ihnen helfen, die schädlichen Symptome zu stoppen, z. B. die Unfähigkeit, sich auf ein Projekt zu konzentrieren, das Sie nicht interessiert, und die nützlichen Symptome zu verbessern, z. B. Ihre Fähigkeit, sich auf ein Projekt zu konzentrieren, das Sie interessiert.

Viele Menschen, bei denen ADHS im Erwachsenenalter diagnostiziert wurde, sagen dasselbe: Die Behandlung hat ihnen geholfen, all die Spannungen, Schmerzen und Missverständnisse der vergangenen Jahrzehnte loszulassen. Im

Gegenzug konnten sie mehr Glück und Zufriedenheit darüber gewinnen, wer sie sind.

Die Behandlung von ADHS kann medikamentös, therapeutisch oder in einer Kombination aus beidem erfolgen. Welche Art der Behandlung für Sie geeignet ist, hängt davon ab, ob Sie unter leichter oder schwerer ADHS leiden, welche Art von ADHS Sie haben und welche Symptome bei Ihnen auftreten. Unabhängig davon, ob Ihnen medikamentöse oder therapeutische Methoden verschrieben werden, ist es wichtig zu wissen, dass Ihre Behandlung kein Heilmittel ist, sondern ein Werkzeug in einem speziellen Werkzeugkasten, um ein ADHS-freundliches Leben zu führen. Jede Form der Behandlung ist eine andere Art von Werkzeug für den Aufbau eines für Sie spezifischen Lebens.

In der Regel wird Ihr Arzt oder Psychiater jedoch eine oder mehrere dieser Behandlungen verschreiben:

Medikation

Eine Zeit lang waren Ritalin und Adderall die beliebtesten Medikamente im Zusammenhang mit ADHS. Diese Medikamente waren so populär, dass sich der Glaube verbreitete, dies seien die einzigen Behandlungsmöglichkeiten für ADHS (früher auch als ADS bekannt). Das ist natürlich nicht wahr. Medikamente wirken nicht bei jedem. Auch wenn sie erfolgreich sind, bekämpfen sie nicht alle Symptome von ADHS. Denken Sie daran, dass Medikamente nur eine von vielen sicheren und wirksamen Behandlungen sind, die als Werkzeuge in Ihrem Werkzeugkasten dienen; einige Werkzeuge sind zwar bei anderen wirksam, wirken aber nicht sehr gut auf Ihre eigenen Symptome. Das ist völlig normal.

Bei Menschen, die ihre Symptome erfolgreich mit Medikamenten behandeln können, helfen Medikamente, die Aufmerksamkeit und Konzentration zu verbessern. Andere Symptome wie Vergesslichkeit, Aufschieberitis, schlechtes Zeitmanagement und Desorganisation werden durch Medikamente nicht verbessert. Da es sich hierbei um sehr relevante Symptome handelt, die Menschen mit ADHS betreffen, benötigen Sie andere "Werkzeuge", um diese Symptome zu verbessern. Die medikamentöse Behandlung funktioniert sehr gut, wenn sie mit anderen Behandlungsmöglichkeiten kombiniert wird. Sie werden von den Vorteilen Ihrer Medikamente viel besser profitieren, wenn Sie sie mit anderen Behandlungen ergänzen, die emotionale und verhaltensbezogene Probleme angehen, und mit Behandlungen, die Ihnen gut angepasste Bewältigungsstrategien vermitteln.

Wie bei allen anderen Medikamenten für alle anderen Störungen und Krankheiten reagiert jeder Mensch anders. Einerseits kann es sein, dass Sie wenig bis gar keine Linderung erfahren, während eine andere Person mit ADHS eine dramatische Verbesserung erlebt. Auch die Nebenwirkungen von ADHS-Medikamenten sind von Mensch zu Mensch unterschiedlich. Für manche Menschen überwiegen die Nebenwirkungen der Medikamente den Nutzen. Es lässt sich nicht vorhersagen, wie eine Person auf Medikamente reagieren wird. Stellen Sie sich also darauf ein, dass Sie eine "Probezeit" benötigen, um das richtige Medikament und die richtige Dosis für sich zu finden. Es ist auch möglich, dass Ihre Krankengeschichte Ihre Behandlungsmöglichkeiten einschränkt. Ihr Arzt wird Sie zu Ihrer Krankengeschichte befragen, um sich ein Bild davon zu machen, welche der folgenden Medikamente wahrscheinlich am besten für Sie geeignet sind und welche möglicherweise ein Risiko für Ihre Gesundheit darstellen.

Einige Medikamente, die Ihnen verschrieben werden können, sind:

Stimulanzien

Stimulanzien sind die am häufigsten verschriebenen Medikamente gegen ADHS. Sie sind in der Regel die erste Medikamentengruppe, die zur Behandlung von ADHS eingesetzt wird. Ihr Arzt wird Ihnen wahrscheinlich ein Stimulans für das zentrale Nervensystem (ZNS) verschreiben, das die Menge von Noradrenalin und Dopamin im Gehirn erhöht. Noradrenalin und Dopamin sind Hormone und Neurotransmitter. Neurotransmitter übermitteln Informationen zwischen den Neuronen im zentralen Nervensystem. Indem Sie die Menge an Dopamin und Noradrenalin erhöhen, versetzen Sie Ihr ZNS in die Lage, mehr Informationen zu übertragen, als es zuvor konnte. Infolgedessen verbessert sich Ihre Konzentration und Ihre Müdigkeit (die durch den Versuch, sich zu konzentrieren, verursacht wird) nimmt ab.

Es gibt viele generische Versionen von Stimulanzien, so dass Sie sich keine Sorgen über hohe Kosten machen müssen. Einige Stimulanzien sind jedoch nur in teureren Markenversionen erhältlich.

Stimulanzien sind in der Regel mit einigen negativen Nebenwirkungen verbunden, darunter Appetitlosigkeit, Gewichtsverlust, Schlafstörungen, Bauchschmerzen und Kopfschmerzen. Andere Nebenwirkungen können Angstzustände, Mundtrockenheit, Schwindel, Dyspepsie, emotionale Reizbarkeit, Müdigkeit, Übelkeit, Fieber, Erbrechen und Nervosität sein.

Bei einer Überdosierung von Stimulanzien wird der Wirkstoffspiegel toxisch und verursacht eine Stimulanzienerregung, die zu Schlaganfall, Herzinfarkt, Krampfanfällen oder sogar tödlicher Überhitzung führen kann. Es können auch schwerwiegende Nebenwirkungen wie Stimulanzienabhängigkeit, Infektionen, schwere allergische Reaktionen, Tachykardie, psychotische Episoden, Rhabdomyolyse, Kardiomyopathie, verlängerte Erektionen, Stevens-Johnson-Syndrom und toxische epidermale Nekrolyse auftreten.

Zu den häufig verschriebenen Stimulanzien gehören die folgenden:

Methamphetamine (Desoxyn)

Methamphetamine wirken durch Stimulierung des zentralen Nervensystems. Die Wissenschaftler wissen immer noch nicht genau, wie sie zur Verbesserung der ADHS-Symptome beitragen. Bekannt ist jedoch, dass sie die Menge an Hormonen wie Dopamin und Noradrenalin in Ihrem Gehirn erhöhen.

Methamphetamine werden in Form von Tabletten angeboten, die ein- oder zweimal täglich eingenommen werden.

Methylphenidat

Methylphenidate blockieren die Wiederaufnahme von Noradrenalin und Dopamin im Gehirn und helfen so, den Spiegel dieser Hormone zu erhöhen. Das Stimulans gibt es in oraler Form mit sofortiger, verlängerter und kontrollierter Wirkstofffreisetzung. Sie können es auch als transdermales Pflaster unter dem Markennamen Daytrana erhalten. Methylphenidate gibt es als Generika oder als teurere Markenpräparate. Einige der Markennamen-Versionen, die Sie bekommen können, sind:

- Aptensio XR (generische Version verfügbar)

- Metadate ER (generische Version verfügbar)

- Concerta (generische Version verfügbar)

- Daytrana

- Ritalin (generische Version erhältlich)

- Ritalin LA (generische Version erhältlich)

- Methylin (generische Version verfügbar)

- QuilliChew

• Quillivant

Möglicherweise wird Ihnen auch Dexmethylphenidat verschrieben, ein weiteres Stimulans, das die ADHS-Symptome verbessert. Dexmethylphenidat ist, wie der Name schon sagt, wie Methylphenidat. Es ist unter seinem Markennamen Focalin erhältlich.

Amphetamine

Es gibt verschiedene Amphetamine, darunter:

• Amphetamin: Amphetamin ist nicht als generische Version erhältlich. Es ist unter den Markennamen Evekeo und Adzenys XR-ODT bekannt. Es gibt sie als Tablette mit verlängerter Wirkstofffreisetzung, als oral zerfallende Tablette und als Flüssigkeit mit verlängerter Wirkstofffreisetzung.

• Dextroamphetamin: Dextroamphetamin ist in Form von Tabletten, Kapseln mit verlängerter Wirkstofffreisetzung und oralen Lösungen erhältlich. Es handelt sich um ein Generikum, für das es keine Markenversion gibt.

• Lisdexamfetamin: Lisdexamfetamin gibt es als orale Kapsel und als orale Kautablette. Es gibt es nur als Markenmedikament, Vyvanse.

Amphetamine gibt es entweder in Form einer sofortigen Freigabe, die sofort im Körper freigesetzt wird, oder in Form einer verlängerten oralen Freigabe, die langsam im Körper freigesetzt wird. Sie sind unter Markennamen und als Generika erhältlich. Zu den Markennamen für diese Medikamente gehören:

• Adderall XR

- Dexedrin

- Dyanavel XR

- Evekeo

- ProCentra

- Vyvanse

Stimulanzien können sehr wirksam sein, wenn es darum geht, die Gedanken zu ordnen und die Aufmerksamkeit und Konzentration aufrechtzuerhalten. Leider werden viele Menschen leicht von der Wirkung der Droge auf das Gehirn abhängig, was zu ernsthaften Problemen führen kann.

Wenn Sie die negativen Nebenwirkungen von Stimulanzien, insbesondere die Abhängigkeit, vermeiden wollen, können Sie Ihren Psychiater nach nicht-stimulierenden Mitteln fragen.

Nicht-Stimulanzien

Nonstimulanzien wirken anders auf das Gehirn als Stimulanzien. Obwohl Nonstimulanzien auf Neurotransmitter einwirken, tun sie dies nicht, indem sie den Dopaminspiegel erhöhen. Sie wirken langsamer, so dass Sie keine sofortigen Ergebnisse sehen. Vielmehr dauert es länger, bis die Wirkung dieser Medikamente einsetzt.

Wenn Stimulanzien bei Ihnen nicht wirken oder nicht sicher für Sie sind, wird Ihr Arzt Ihnen Nicht-Stimulanzien verschreiben. Zu den verschiedenen Nicht-Stimulanzien gehören:

Atomoxetin (Straterra)

Im Gegensatz zu Stimulanzien, die mehr Noradrenalin im Gehirn freisetzen, blockiert Atomoxetin (Strattera) die Wiederaufnahme von Noradrenalin in Ihrem Nervensystem. Dadurch kann Noradrenalin länger wirken.

Es wird in oraler Form ein- oder zweimal pro Tag eingenommen und ist auch als Generikum erhältlich.

Atomoxetin hat bei einigen wenigen Anwendern Leberschäden verursacht. Achten Sie auf Anzeichen von Leberproblemen während der Einnahme von Atomoxetin. In der Tat wird Ihr Arzt Ihre Leberfunktion regelmäßig überprüfen, wenn Sie dieses Arzneimittel einnehmen.

Anzeichen für Leberprobleme, auf die Sie achten müssen, sind:

- Ein geschwollener oder empfindlicher Unterleib.

- Gelbsucht (Gelbfärbung der Haut oder der Augen).

- Müdigkeit.

Guanfacin ER (Intuniv)

Guanfacin wird in der Regel zur Behandlung von Bluthochdruck bei Erwachsenen verschrieben, wird aber auch häufig zur Behandlung von ADHS bei Erwachsenen eingesetzt. Es hat sich gezeigt, dass es einigen Erwachsenen bei ihren Gedächtnis- und Verhaltensproblemen, Aggressionen und Hyperaktivität hilft.

Es ist als Generikum und in einer Version mit verzögerter Wirkstofffreisetzung namens Guanfacin ER (Intuniv) erhältlich.

Clonidin ER (Kapvay)

Clonidin ER (Kapvay) verringert Impulsivität, Hyperaktivität und Ablenkbarkeit bei Erwachsenen mit ADHS. Wie Guanfacin gibt es auch andere Formen von Clonidin, die zur Behandlung von hohem Blutdruck bei Erwachsenen eingesetzt werden. Da es den Blutdruck senkt, kann es sein, dass Sie sich bei der Einnahme schwindlig fühlen. Clonidin ER (Kapvay) ist als Generikum erhältlich.

Nicht-Stimulanzien verursachen selten Unruhe, Schlaflosigkeit, Müdigkeit oder Appetitlosigkeit. Dies liegt daran, dass sie eine länger anhaltende und "gleichmäßigere" Wirkung haben als die meisten Stimulanzien. Die Wirkung von Stimulanzien setzt in der Regel abrupt ein und lässt dann wieder nach. Daher besteht bei Nicht-Stimulanzien nicht die gleiche Gefahr des Missbrauchs oder der Abhängigkeit. Es gibt jedoch auch Nebenwirkungen, die durch Nicht-Stimulanzien verursacht werden.

Clonidin (Kapvay) und Guanfacin (Intuniv) können manchmal Kopfschmerzen, Schläfrigkeit, Müdigkeit, Sedierung und Schwindelgefühl verursachen. Seien Sie vorsichtig, wenn Sie Clonidin (Kapvay) und Guanfacin (Intuniv) verwenden, wenn Sie Auto fahren oder schwere Maschinen bedienen, weil sie Schläfrigkeit verursachen. Atomoxetin kann Appetitlosigkeit, Gewichtsverlust, Müdigkeit, Übelkeit, Stimmungsschwankungen und Magenverstimmung verursachen. Obwohl selten, kann Atomoxetin auch Gelbsucht und Leberprobleme, Selbstmordgedanken, lang anhaltende Erektionen und schwere allergische Reaktionen verursachen. In seltenen Fällen kann es zu niedrigem Blutdruck und Veränderungen des Herzrhythmus führen.

Sie und Ihr Arzt müssen die Nebenwirkungen aller Medikamente, die Sie gegen ADHS einnehmen, überwachen. Wenn Medikamente gegen ADHS nicht sorgfältig überwacht werden, verlieren sie ihre Wirksamkeit und können sogar riskant und tödlich sein.

Die Behandlung von ADHS muss nicht nur in Form von Medikamenten erfolgen. Jede Maßnahme, die Sie ergreifen, um Ihre Symptome zu bewältigen oder zu verringern, ist eine Form der Behandlung. Natürlich werden Sie auf diesem Weg immer professionelle Hilfe benötigen, zum Beispiel professionelle psychiatrische Hilfe, wenn Sie sich für eine Therapie entscheiden. Sie können jedoch selbst entscheiden, welche Arten von Behandlungen Sie ausprobieren möchten. Denken Sie daran, dass Sie sich ein ADHS-freundliches Leben aufbauen wollen, und Medikamente sind nur ein Teil dieses neuen Lebens. In den Kapiteln fünf und sechs lernen Sie die verschiedenen Möglichkeiten kennen, wie Sie Ihr ADHS neben der medikamentösen Behandlung behandeln können.

Kapitel Zusammenfassung

- Nachdem bei Ihnen ADHS diagnostiziert wurde, besteht der nächste Schritt zur Bewältigung Ihrer ADHS darin, sich in ärztliche Behandlung zu begeben.

- Die Behandlung wird Ihnen helfen, die schädlichen Symptome von ADHS zu stoppen.

- Jede Form der ADHS-Behandlung ist eine andere Art von Hilfsmittel für den Aufbau eines ADHS-freundlichen Lebens, das speziell auf Sie zugeschnitten ist.

- Stimulanzien sind die am häufigsten verschriebenen Medikamente gegen ADHS.

- Seien Sie darauf vorbereitet, eine "Probezeit" zu verbringen, um das richtige ADHS-Medikament zu finden, das für Sie geeignet ist.

- Nicht-stimulierende Substanzen wirken anders auf das Gehirn als stimulierende Substanzen.

FÜNFTES KAPITEL: WIE GUT KANN ADHS BEI ERWACHSENEN BEHANDELT WERDEN?

ADHS bei Erwachsenen kann Ihnen das Leben sehr schwer machen, wenn es nicht behandelt wird. In der Tat wurde ADHS mit folgenden Problemen in Verbindung gebracht:

- Arbeitslosigkeit (oder Arbeitsunfähigkeit).

- Schlechte schulische (College) oder berufliche Leistungen.

- Alkohol- und Drogenmissbrauch.

- Schlechtes Selbstbild.

- Selbstmordversuche.

- Instabile, unerfüllende Beziehungen.

- Finanzielle Probleme.

- Ärger mit dem Gesetz.

- Häufige Autounfälle oder andere Unfälle.

- Schlechte körperliche und geistige Gesundheit.

Wie Sie aus der obigen Liste ersehen können, kann ADHS Sie an sehr dunkle und unangenehme Orte im Leben führen, wenn es nicht in den Griff bekommen wird. Zum Beispiel kann der Umgang mit einem schlechten Selbstbild zu anderen, ernsthafteren psychischen Störungen wie Depressionen und einem extrem niedrigen Selbstwertgefühl führen.

Auch wenn Sie ADHS haben, können Sie sich selbst regulieren, wenn negative Verhaltensweisen, Gedanken und Gefühle Sie und andere zu überwältigen drohen. Durch Selbstregulierung können Sie die selbstzerstörerischen Verhaltensweisen in Schach halten. Einige gute Möglichkeiten zur Selbstregulierung sind:

Für Focus

- Machen Sie sich während Sitzungen und Vorlesungen leicht zugängliche Notizen. Sie können zum Beispiel handschriftliche Notizen machen oder alle Ihre Notizen aufzeichnen. Danach können Sie die Details ergänzen, bevor Sie sie vergessen.

- Legen Sie kurze Pausen ein, um zu verhindern, dass Sie sich langweilen. Wenn Sie sich nicht langweilen, fällt es Ihnen leichter, sich über einen längeren Zeitraum auf eine Aufgabe zu konzentrieren. Sie können sich dehnen, eine gesunde Mahlzeit zubereiten oder Sport treiben, um Ihre Gehirngesundheit zu fördern.

- Teilen Sie große Aufgaben in kleinere, überschaubare Aufgaben auf, die weniger Zeit in Anspruch nehmen. Belohnen Sie sich, nachdem Sie jede Aufgabe erledigt haben. Zum Beispiel ein kleines Bonbon nach jeder

Aufgabe.

Für Ablenkungen

- Arbeiten Sie in Bereichen, in denen es weniger Ablenkungen gibt. Wenn Sie am Arbeitsplatz oder in der Bibliothek sind, bitten Sie um einen privaten Arbeits- oder Lernbereich, in dem es wenig Ablenkungen oder Lärm gibt.

- Legen Sie tagsüber feste Zeiten für die Beantwortung von Anrufen und E-Mails fest. Lassen Sie Ihre Anrufe bis zur festgelegten Zeit auf der Mailbox landen. Auf diese Weise werden Sie nicht durch die Beantwortung von Anrufen oder die Beantwortung von Anrufen während des Tages abgelenkt.

- Benutzen Sie Kopfhörer, um den Lärm im Büro zu übertönen. Sie können leise Musik spielen, um Ihre Konzentration zu erhalten.

Für Organisation

- Automatisieren Sie alle Ihre Online-Zahlungen von Rechnungen. Auf diese Weise vergessen Sie nicht, sie zu bezahlen.

- Führen Sie ein Notizbuch und schreiben Sie darin Ihre Aufgaben auf. Wenn Sie ein Smartphone haben, führen Sie eine Aufgabenliste auf Ihrem Smartphone. Aktualisieren Sie Ihre Aufgabenliste immer sofort, wenn eine Aufgabe erledigt ist.

- Tragen Sie Termine in Ihr Telefon ein und stellen Sie vor dem Ereignis einen Erinnerungsalarm ein. Wenn Sie einen Papierkalender haben, markieren Sie Termine auf Kalendern als sichtbares Erinnerungsinstrument. Sie können auch Tagesplaner oder Online-Aufgabenplaner verwenden, die Ihnen helfen, den Überblick über Aufgaben und Ereignisse zu behalten.

- Erledigen Sie wichtige Aufgaben, bevor Sie zur nächsten übergehen. Legen Sie während der Erledigung wichtiger Aufgaben regelmäßig Pausen ein, damit Sie sich konzentrieren können.

- Beginnen Sie Ihren Tag mit einer Achtsamkeitsübung und einer kurzen Dehnung, um Ihren Geist zu klären und zu erfrischen. Verbringen Sie danach 20 Minuten damit, Ihre Aufgaben für den Tag zu organisieren.

- Um zu verhindern, dass wichtige Gegenstände verloren gehen, sollten Sie bestimmte Bereiche festlegen, in denen Sie wichtige Gegenstände wie Schlüssel und Geldbörsen aufbewahren. Legen Sie diese Gegenstände routinemäßig an den dafür vorgesehenen Stellen ab, damit Sie nichts verlieren. Die Suche nach Dingen, die Sie verlegt haben, kann Sie noch mehr verwirren, wenn Sie versuchen, eine bestimmte Routine einzuhalten.

- Bewahren Sie überall im Haus und am Arbeitsplatz Klebepads auf, um wichtige Notizen zu notieren. Bringen Sie diese Notizen an gut sichtbaren Stellen an, z. B. an der Kühlschranktür.

- Wenn Sie bei der Arbeit oder zu Hause ein Ablagesystem verwenden, beschriften Sie alles und kodieren Sie Ordner oder Registerkarten farblich.

Ausübung von

Regelmäßige körperliche Betätigung ist eine gute Möglichkeit, die Symptome von ADHS in den Griff zu bekommen. Bewegung setzt auf natürliche Weise Dopamin und Noradrenalin frei, die beiden Neurotransmitter, die bei Patienten mit ADHS im Erwachsenenalter durch stimulierende Medikamente produziert werden.

Regelmäßige Bewegung verbessert die Stimmung, das Gedächtnis, die Konzentration, den Fokus und die Motivation. Neben dem Dopamin- und Noradrenalinspiegel steigert Bewegung auch den Serotoninspiegel. Der Anstieg aller drei Neurotransmitter verbessert Ihre Konzentration und Aufmerksamkeit. Regelmäßiger Sport wirkt sich auf ähnliche Weise aus wie die Einnahme von Medikamenten - ohne deren Nebenwirkungen. So hat die Forschung gezeigt, dass regelmäßiger Sport bei leichten Depressionen genauso wirksam ist wie die Einnahme von Medikamenten. Indem Sie durch regelmäßigen Sport zusätzliche Energie verbrauchen, können Sie auch Ihre Impulsivität verringern.

Eine Kombination aus regelmäßiger Bewegung und Medikamenten wird Ihnen helfen, Ihre negativen ADHS-Symptome deutlich zu verringern. Versuchen Sie also, mindestens 4-5 Mal pro Woche Sport zu treiben. Sie müssen nicht ins Fitnessstudio gehen, um Sport zu treiben. Ein einfacher 30-minütiger Spaziergang ist für Ihren Körper und Ihr zentrales Nervensystem schon von großem Nutzen. Wenn Sie in der Lage sind, herzzerreißende Übungen zu machen, wie z. B. einen schnellen Lauf oder Burpees, wird Ihnen das ebenfalls helfen. Suchen Sie sich jedoch immer eine Übung aus, die Ihnen Spaß macht, damit der Sport nicht zu einer lästigen Pflicht wird.

Als Letztes könnten Sie eine Gartenbau-Therapie in Ihr Training einbauen. Gartenbau-Therapie ist die Verwendung von Pflanzen oder pflanzlichen Aktivitäten, um sich wohl zu fühlen. In diesem Fall bedeutet das, dass Sie im Park oder im Wald spazieren gehen oder im Freien Yoga machen. Wir werden die Gartenbau-Therapie in Kapitel sechs näher erläutern.

Schlafen

Schlafen ist für uns Menschen so wichtig wie Nahrung, Wasser und Luft. Jeder Einzelne von uns profitiert davon. Wenn Sie unter ADHS leiden, verschlimmert eine schlechte Schlafqualität häufig Ihre Symptome. Sie sollten jede Nacht gut schlafen können. Wenn Sie die Qualität und Quantität Ihres Schlafs verbessern, werden sich wahrscheinlich Ihre Aufmerksamkeit, Ihre Konzentration und Ihre Stimmung verbessern.

Um besser schlafen zu können, sollten Sie jeden Tag eine Stunde vor dem Schlafengehen Yoga und Meditation praktizieren (siehe Kapitel Sechs für eine Diskussion über Meditation und Yoga als Selbsthilfestrategie). Dies wird Ihnen auch helfen, sich jeden Tag an eine feste Schlafenszeit zu halten. Durch diese Routine werden Sie auf natürliche Weise jeden Abend zur gleichen Zeit schläfrig. Schlafen Sie immer in einem völlig dunklen Raum und vermeiden Sie Koffein in den Nachmittags- und Nachtstunden.

Eine der Nebenwirkungen Ihrer Medikamente könnten Schwierigkeiten beim Einschlafen oder Durchschlafen sein. Wenn Sie die oben genannten Methoden ausprobieren und immer noch Schwierigkeiten haben, sprechen Sie mit Ihrem Arzt über Ihre Sorgen.

Gesunde Ernährung

Essen versorgt unseren Körper bis in die Zellen hinein mit Energie. Wenn Sie sich gesund ernähren, regen Sie die Bildung gesunder Zellen und Gewebe an, was wiederum Ihren gesamten Körper gesund hält. Wenn Sie sich gesund ernähren, fördern Sie auch gesunde Körperfunktionen.

Für Menschen mit ADHS haben sich bestimmte Lebensmittel als geeignet erwiesen, die negativen Symptome von ADHS zu verringern. Viel Eiweiß zu essen ist gut für Erwachsene mit ADHS, denn Eiweiß enthält viele Aminosäuren, die bei der Bildung von Neurotransmittern helfen. Essen Sie viel Geflügel, Milchprodukte, Eier, Fisch, Bohnen und Nüsse. Achten Sie darauf, dass Sie auch viel Zink, Magnesium und Eisen zu sich nehmen. Diese Vitamine und Mineralien sind in magerem Fleisch, Geflügel, Meeresfrüchten, Soja, Nüssen und angereicherten Getreidesorten enthalten. Auch Omega-3-Fettsäuren und B-Vitamine sollten in Ihrer Ernährung nicht fehlen. Sie verbessern die Wachsamkeit und verringern die Symptome von ADHS. Das bedeutet, dass Sie reichlich Avocados, Lachs, Olivenöl, Winterkürbis, Leinsamen und Blattgemüse in Ihrer Ernährung brauchen. Außerdem brauchen Sie reichlich Eier, Milch, Leber (und anderes Organfleisch), Joghurt und Hülsenfrüchte. Ginseng und Ginkgo sind als "kognitive Aktivatoren" bekannt. Sie wirken wie Stimulanzien ohne die Nebenwirkungen von Medikamenten. Sie vermindern auch Ihre Impulsivität und steigern Ihre Konzentration.

Vermeiden Sie auf jeden Fall verarbeitete, zuckerhaltige Lebensmittel und Koffein. Sie verstärken nur Ihre Hyperaktivität und lassen Sie unruhig werden. Aus demselben Grund sollten Sie auch künstliche Farb- und Konservierungsstoffe in Lebensmitteln vermeiden.

Bei einem Erwachsenen mit ADHS kann das Essverhalten ein Spiegelbild des allgemeinen Verhaltens sein. So kann es sein, dass Sie impulsiv und hyperaktiv essen, manchmal stundenlang nichts essen und sich dann auf alles stürzen, was Sie um sich herum sehen. Um ADHS in den Griff zu bekommen, müssen Sie Ihre Mahlzeiten sorgfältig planen und zubereiten, um sicherzustellen, dass Sie so viele für ADHS nützliche Nährstoffe wie möglich zu sich nehmen. Wenn Sie hungern, nur um sich dann mit ungesunden Lebensmitteln vollzustopfen, verschlimmern Sie Ihre ADHS-Symptome sowie Ihre emotionale und körperliche Gesundheit. Am besten planen Sie Ihre Mahlzeiten so, wie Sie auch andere Aufgaben in Ihrem Leben planen. Auf diese Weise können Sie sicher sein, dass Sie in regelmäßigen Abständen genügend Nährstoffe zu sich nehmen.

Kapitel Zusammenfassung

- ADHS kann Ihnen das Leben sehr schwer machen, wenn es nicht behandelt wird.

- Bleibt ADHS unkontrolliert oder unbehandelt, kann es auch den Menschen in Ihrem Umfeld erheblich schaden und ihnen ernsthafte Probleme bereiten.

- Regelmäßige körperliche Betätigung ist eine gute Möglichkeit, die Symptome von ADHS in den Griff zu bekommen.

- Regelmäßige Bewegung verbessert die Stimmung, das Gedächtnis, die Konzentration, den Fokus und die Motivation.

- Um besser zu schlafen, sollten Sie jeden Tag eine Stunde vor dem Schlafengehen Yoga und Meditation praktizieren.

- Es ist erwiesen, dass bestimmte Lebensmittel die negativen Symptome von ADHS verringern.

SECHSTES KAPITEL: SELBSTHILFE UND ALTERNATIVE STRATEGIEN ZUR BEWÄLTIGUNG VON ADHS BEI ERWACHSENEN

Neben medizinischen Behandlungen können Sie auch von Selbsthilfe und alternativen Strategien zur Bewältigung Ihrer ADHS bei Erwachsenen profitieren.

Gartentherapie/Gärtnern

Es ist wissenschaftlich erwiesen, dass Gartenarbeit und Gartentherapie die Konzentration steigern, den Geist beruhigen und die emotionale, körperliche und geistige Gesundheit verbessern.

Wenn Sie aus Platz- oder Mobilitätsgründen keinen Garten haben, können Sie einige Pflanzen im Haus anpflanzen, und zwar in Bügeln und Töpfen auf Fensterbänken und Tischen. Dies hat die gleiche Wirkung wie Gartenarbeit. Denken Sie daran, dass Gartentherapie nicht nur bedeutet, Pflanzen anzubauen und zu pflegen. Sie bedeutet auch, sich inmitten von Pflanzen und sogar Tieren und der Natur aufzuhalten. Der Besuch eines Bauernhofs oder das Sitzen am Strand in der Nähe der Bäume, um der Meeresbrise zu lauschen, haben die gleiche beruhigende Wirkung.

Achtsamkeitsmeditation & Yoga

Regelmäßige Achtsamkeitsmeditation und Übungen, die Achtsamkeit und Entspannung fördern, wie z. B. Yoga, helfen nachweislich dabei, den Geist von unnötiger Geschäftigkeit, Stress und Hyperaktivität zu befreien. Diese Techniken helfen Ihnen, die natürliche Entspannungsreaktion Ihres Körpers zu aktivieren und die Auswirkungen von Stress, die Ihr ADHS auf Sie haben kann, umzukehren. Ebenso verringern sie die Symptome von Angst und Depression.

Andere Formen der Bewegung und Dehnung, die Achtsamkeit und Entspannung ermöglichen, wie Tai Chi und rhythmische Übungen wie Tanzen, Laufen und Schwimmen, sind ebenfalls sehr hilfreich. Und schließlich können Sie sich regelmäßig selbst massieren, um die Entspannungsreaktion Ihres Körpers auszulösen. Selbsthilfestrategien sind zwar wirksam, funktionieren aber am besten, wenn sie mit Medikamenten kombiniert werden. Verlassen Sie sich also nicht ausschließlich auf ADHS-Behandlungstechniken.

Therapie

Sie können einen Psychologen aufsuchen, der auf ADHS spezialisiert ist und eine kognitive Verhaltenstherapie durchführt. Die kognitive Verhaltenstherapie ist eine Therapie, die darauf abzielt, Ihre kognitiven, emotionalen und Verhaltensmuster zu ändern, um Ihre Gesundheit zu verbessern und ein glücklicheres Leben zu führen. Psychosoziale Fachkräfte sind bestens ausgebildet, um Ihnen zu helfen, neue Fähigkeiten zu erlernen, die Ihnen helfen, mit Ihren Symptomen umzugehen und Gewohnheiten zu ändern, die Ihnen Probleme bereiten.

Erwachsene mit ADHS kämpfen oft mit emotionalen und psychologischen Problemen und Schmerzen, die durch ihre Symptome verursacht werden. So sind beispielsweise akademische und berufliche Schwierigkeiten, Misserfolge, eine hohe Fluktuation am Arbeitsplatz und Beziehungskonflikte bei Menschen mit ADHS keine Seltenheit. Diese Probleme können zu geringem Selbstwertgefühl, Scham, Groll und einem Gefühl der "Unwürdigkeit" führen, das sich nach jahrelanger Kritik von geliebten Menschen entwickelt. Eine Therapie kann Ihnen helfen, über diesen Schmerz zu sprechen und alternative Strategien zu erlernen, um damit umzugehen. Sie können auch Ehe- und Familienberatung und -therapie in Anspruch nehmen, wenn Ihr ADHS erhebliche Probleme in Ihrer Ehe und/oder Ihren Familienbeziehungen verursacht.

Professionelle Organisatoren

Wenn Ihr ADHS dazu führt, dass Sie wegen Ihrer Desorganisation etwas vom Leben verpassen, können Sie einen professionellen Organisator beauftragen, der Ihnen hilft, diesen Bereich Ihres Lebens zu bewältigen. Ein professioneller Organisator hilft Ihnen, ein effizientes Organisationssystem sowohl für Ihr Zuhause (und Ihr Privatleben) als auch für Ihren Arbeitsplatz zu entwickeln. Sie bringen Ihnen auch bei, wie Sie Ihre Zeit verwalten und Ihr Leben mit ADHS-freundlichen Methoden effizient organisieren können.

Kapitel Zusammenfassung

- Es ist wissenschaftlich erwiesen, dass Gartenarbeit und Gartentherapie die Symptome von ADHS verbessern können.

- Achtsamkeitsmeditation und Übungen, die die Achtsamkeit fördern, können die ADHS-Symptome verbessern.

- Sie können einen auf ADHS spezialisierten Psychologen aufsuchen, der Ihnen hilft, über die Auswirkungen von ADHS auf Ihr Leben zu sprechen und Strategien zu entwickeln, die Ihnen helfen, Ihre Symptome zu bewältigen.

LETZTE WORTE

Herzlichen Glückwunsch! Sie haben es geschafft! Mit der Lektüre dieses Buches haben Sie einen ersten großen Schritt in Richtung lebenslanger Heilung getan.

Auch wenn es eine Herausforderung sein mag, als Erwachsener ADHS zu haben, wissen Sie jetzt mehr darüber, wie ADHS diagnostiziert wird und welche Behandlungsmethoden Sie in Betracht ziehen sollten. Sie sollten nun ein solides Verständnis der Ihnen zur Verfügung stehenden Behandlungsmöglichkeiten (sowohl medizinisch als auch traditionell) haben und wissen, wie ADHS bei Erwachsenen behandelt werden kann. Schließlich sind Sie nun mit alternativen und Selbsthilfestrategien zur Bewältigung Ihrer ADHS bewaffnet, einschließlich wichtiger Fakten zur Ernährungspsychologie und dazu, wie die Ernährung Ihre Symptome auf natürliche Weise reduzieren kann.

Denken Sie daran, dass Sie immer einen Fachmann konsultieren sollten, um eine offizielle Diagnose zu erhalten, bevor Sie mit einem Behandlungsplan beginnen. Denken Sie auch daran, dass ADHS nichts Schlechtes ist - es bedeutet nur, dass Ihr Gehirn ein wenig anders verdrahtet ist als das der meisten Menschen. Abschließend möchte ich mich dafür bedanken, dass Sie sich die Zeit genommen haben, dieses Buch zu lesen. Ich hoffe, es hat einige Fragen beantwortet und Ihnen den Weg in die Zukunft geebnet!